# Die Juden von Mea Shearim

Fotografiert von Amos Schliack/Mit einem Text von Henryk M. Broder

Ellert & Richter Verlag

**Inhalt**

4
Ein Außenminister besonderer Art
5
Die Hüter des Glaubens
8
Ein Jude, kein Zionist
9
Version der Schildbürgerstreiche
12
Klischee und Wirklichkeit
13
Draußen vor der Stadt
16
Chiffre für einen Lebensstil
33
Ideelle Basis der orthodoxen Juden
36
Miniatur des osteuropäischen „Stedtls"
36
Unterschiedliche Merkmale
37
Kampf gegen den Zionismus
40
Eine eigene Ausbildung
41
Hoffen auf den Messias
44
„Das Judentum kann ohne einen Staat existieren, aber nicht ohne die Thora ..."
45
„Sie leben hier, als wären sie in der Diaspora ..."
48
Impressum

## Henryk M. Broder/Die Juden von Mea Shearim

Ich traf Rabbi Hirsch mitten in Mea Shearim, auf halbem Wege zwischen der Wohnung, in der er seit über 20 Jahren lebt, und der Jeschiva, in der er täglich, außer am Schabbat, Talmud lernt und lehrt. Er kam gerade vom Einkaufen, hatte in der rechten Hand einen rosafarbenen Plastikkorb voll mit Gemüse und unter dem linken Arm ein in Zeitungspapier eingewickeltes Etwas. Hirsch erkundigte sich sofort, ob die Geschichte, die ich über ihn schreiben wollte und derentwegen ich ihn mehrmals besucht und interviewt hatte, schon erschienen wäre. Ich verneinte, worauf er den Gemüsekorb abstellte, mir das in Zeitungspapier eingewickelte Etwas – ein soeben geschlachtetes Huhn – zum Halten übergab und in den großen Taschen seines langen schwarzen Gehrocks zu suchen begann. „Ich hab da etwas für Sie, daß Sie bestimmt noch brauchen können." Aus mehreren Bündeln zusammengelegter Papiere und Zeitungsausschnitte zog er ein Blatt heraus, das sorgfältig gefalzt worden war. „Das ist es!" Ich gab ihm das tote Huhn wieder zurück und erhielt statt dessen die Fotokopie eines Briefes, den Rabbi Hirsch ein paar Tage zuvor dem gerade in Jerusalem weilenden US-Außenminister George Shultz geschrieben hatte. Über dem Briefkopf – „Naturei Karta of the Orthodox Jewry" – stand handgeschrieben der Zusatz: „From one Secretary to another", denn Mosche Hirsch ist nicht nur Rabbi, sondern auch „Außenminister" der „Naturei Karta", einer Gruppe ultra-orthodoxer Juden, die ihren aramäischen Namen „Hüter der Stadt" wörtlich und ernst nehmen.

Mosche Hirsch sieht aus wie Woody Allen, wenn der sich wie ein orthodoxer Rabbi verkleiden würde, hat die Washington Post einmal geschrieben. Tatsächlich ist eine gewisse Ähnlichkeit zwischen den beiden Brooklyn-Boys nicht zu übersehen. Würde Woody Allen sich einen weißen Bart ankleben und einen jener schwarzen, flachen und breitkrempigen Hüte anziehen, wie sie seit Generationen von den Jerusalemer Orthodoxen getragen werden, könnte er als Double von Hirsch über den Markt von Mea Shearim gehen und niemand würde merken, daß es nicht der Original-Rabbi ist, seine Frau und seine fünf Kinder vielleicht ausgenommen. Die beiden sind auch ungefähr gleich alt, aber damit hören die Gemeinsamkeiten schon auf. Hirsch ist 1955 aus den USA ins Heilige Land gekommen, „um Gott in seinem eigenen Hinterhof zu dienen". Damals war er ein junger „Jeschiva Bocher", ein Student der Thora und des Talmud und gerade im heiratsfähigen Alter. Er muß als eine gute Partie gegolten haben, denn es gelang ihm bald, bei Rabbi Aharon Katzenellenbogen, einem Mitbegründer der Naturei Karta und autoritativen Kopf der Orthodoxie, vorgestellt zu werden und dessen Tochter Lea zu heiraten. Damit gehörte Mosche Hirsch automatisch zum inneren Kreis der „Hüter der Stadt". Mit ihm zog ein Hauch von Welt, ein Stück von Broadway und Madison Avenue, in die engen Gassen von Mea Shearim ein. Er übernahm die Pflege der Kontakte zur Außenwelt und entwikkelte sich in kurzer Zeit zum „besten PR-Agenten westlich des Jordan", dessen Methoden nicht ganz so orthodox sind wie seine religiöse Überzeugung, dafür aber sehr effektiv.

### *Ein Außenminister besonderer Art*

Die Art, wie Mosche Hirsch „Gott in seinem eigenen Hinterhof" dient, ist nicht nur weit entfernt von den Vorstellungen, die man sich üblicherweise von der Tätigkeit eines Rabbiners, eines streng orthodoxen dazu, macht. Sie bringt ihn auch ständig in einen sorgfältig kalkulierten Konflikt mit den israelischen Behörden und gelegentlich selbst die Naturei Karta dazu, sich von ihrem eigenen Sekretär zu distanzieren. Mosche Hirsch nimmt solche Reaktionen gelassen hin; sie verschaffen ihm jene Aufmerksamkeit, die sich unmittelbar in Publizität umsetzt und deren Belege er ständig in den Taschen seines Gehrocks mit sich führt. Und wenn Jerusalems Bürgermeister Teddy Kollek fordert, der US-Bürger Hirsch sollte aus dem Lande gewiesen werden, dann freut sich der Rabbi aus Brooklyn über die quasi amtliche Anerkennung seiner Bedeutung aus dem Munde eines zionistischen Amtsverwalters, den er, Mosche Hirsch, seinerseits für zu unbedeutend hält, um sich mit ihm öffentlich anzulegen. Da muß schon eine wichtigere Persönlichkeit kommen, damit der Außenminister von Mea Shearim und Sekretär der Naturei Karta förmlich in Erscheinung tritt, der Kollege aus Washington zum Beispiel, den Hirsch – „From one Secretary to another" – bei dessen Besuch in Jerusalem im Frühjahr 1983 bat, er möge sich bei den anstehenden Verhandlungen um die Gründung eines Palästinenserstaates dafür einsetzen, daß die „palästinensischen Juden" vom „zionistischen Establishment" befreit und Bürger des zu gründenden „zukünftigen Staates" wür-

den, denn jede andere weltliche Herrschaft sei akzeptabler als die der zionistischen Gotteslästerer.
Die Antwort des US-Außenministers auf die Fürbitte seines Kollegen aus Mea Shearim ist nicht bekannt geworden, woraus ohne weiteres geschlossen werden kann, daß George Shultz gut beraten war, sich einer schriftlichen und damit zitierfähigen Antwort zu enthalten. Andernfalls hätte Mosche Hirsch keinen Moment gezögert, sie genauso der Presse zu übergeben, wie er es zwei Jahre zuvor, Ende 1981, mit einem Brief von Jassir Arafat tat, der sich dem Anliegen der Naturei Karta weit aufgeschlossener zeigte als der amerikanische Außenminister. Auf ein Schreiben, in dem sich die „Hüter der Stadt" von der Politik der Begin-Regierung distanzierten und versicherten, sie hätten auch mit den „sogenannten religiösen Parteien", welche mit den Zionisten zusammenarbeiten würden, nichts zu tun, kabelte der PLO-Chef begeistert zurück: „Möge Gott mit Euch sein in Eurem Kampf gegen den Zionismus!" Arafat glaubte, einen Verbündeten in Israel gefunden zu haben, und Mosche Hirsch hatte wieder einen PR-Coup gelandet, mit dem er seinen Ruf und Verruf als Newsmaker und antizionistischer Haudegen Gottes weitere Ehre machte.
Der kuriose Notenwechsel mit Arafat war nicht die letzte Aktion dieser Art. Rabbi Hirsch hatte schon vorher an König Hussein geschrieben und dem Monarchen vorgeschlagen, Mea Shearim an Jordanien anzuschließen. Er hatte von US-Präsident Ford verlangt, zur Genfer Nahost-Konferenz eingeladen zu werden – als Vertreter „Tausender jüdischer Flüchtlinge in Palästina", die vom zionistischen Regime „ihrer religiösen Rechte beraubt" würden; er warnte Präsident Carter davor, sich von „Begins religiöser Maskerade" täuschen zu lassen; er übergab UN-Generalsekretär Kurt Waldheim ein Memorandum, in dem die „Einrichtung einer Zufluchtsstätte für gottesfürchtige Juden" gefordert wurde, die sich „von den gotteslästerlichen Zionisten absetzen" und in einem eigenen Freistaat leben möchten. Und nachdem die Jerusalemer Stadtverwaltung eine Hühnerschlächterei in Mea Shearim wegen der sanitären Zustände in dem Betrieb schließen ließ, wandte sich Hirsch umgehend an die Vereinten Nationen und klagte, Tausende von jüdischen Familien seien von der brutalen Stadtverwaltung um die Versorgung mit Fleisch gebracht worden. Mit Hilfe der libyschen UN-Vertretung wurde der Hilferuf bei den Vereinten Nationen verbreitet und es war auch der libysche UN-Delegierte, der außerdem verlangte, daß die Angelegenheit auf die Tagesordnung der Vollversammlung gesetzt werde ...
Hirsch wird weder bei der Wahl seiner Mittel noch der Verbündeten von Skrupeln behindert. Ob er Jassir Arafat, George Shultz, König Hussein oder Muammar Gaddafi um Beistand bittet, hängt ausschließlich davon ab, wer gerade greifbar ist. Und es ist ihm auch völlig gleich, welches Forum er betritt, um seine Ansichten zu verbreiten. Es kann die zionistische „Al Hamischmar", die Zeitung der sozialistischen Mapam-Partei, sein oder „Al Fajr", das Organ der PLO in Ostjerusalem. Das Palästinenser-Blatt läßt ihn oft und gern zu Wort kommen, zuletzt Ende 1985 mit der Erklärung, die Naturei Karta habe damit begonnen, Pässe auszustellen, „aus denen unmißverständlich hervorgeht, daß ihre Träger zwar Juden, aber keine Zionisten sind". Jeder „aktive Antizionist", der an den Knesset-Wahlen nicht teilnimmt und die Auflösung des Staates Israel anstrebt, könne den Paß ausgestellt bekommen, „selbst wenn er nicht religiös ist". Im Laufe der Zeit, so Hirsch, werde der Naturei-Karta-Paß „anstelle der israelischen Reisedokumente treten" und erst dann nicht mehr nötig sein, „sobald der palästinensische Staat entstanden ist, dessen Bürger wir sein wollen ..."
Nach dem israelischen Luftangriff auf das PLO-Hauptquartier inTunis schickte die Naturei Karta ein Beileidstelegramm an die PLO, für das sich Jassir Arafat umgehend bedankte. „Revolution bis zum Sieg" kabelte der Vorsitzende an die Hüter der Stadt.

*Die Hüter des Glaubens*

Die Naturei Karta läßt keine Gelegenheit ungenutzt vorübergehen, das zionistische Regime bloßzustellen und ihr „Außenminister" Mosche Hirsch schafft es immer, die Aktionen an die größtmögliche Glocke zu hängen – fast immer. Ein großer Auftritt wurde einmal ausgerechnet von seiner Frau vereitelt. Als Mosche Hirsch vor Jahren nach New York fliegen wollte, um vor dem Sicherheitsrat der UN seine Ansichten zum Nahostkonflikt dar- und einen Sechs-Punkte-Friedensplan der Naturei Karta vorzulegen, erwirkte Lea Hirsch eine Einstweilige Verfügung, mit der ihrem Mann verboten wurde, das Land zu verlassen. Die gerichtliche Anordnung wurde mit der „Fürsorgepflicht gegenüber Frau und Kindern",

Folgende Doppelseite: Blick über den Friedhof auf dem Ölberg auf die abendliche Altstadt Jerusalems: Im Hintergrund sieht man in der Mitte die goldene Kuppel des Felsendoms, ganz links die silberne der El Akksah Moschee.

die nicht alleine bleiben könnten, begründet, später allerdings erklärte Frau Hirsch, sie habe sich Sorgen um die Sicherheit ihres Mannes gemacht, „wegen der Zionisten in New York". So blieb dem UN-Sicherheitsrat die Entscheidung erspart, den Außenminister der orthodoxen Separatisten von Jerusalem sprechen zu lassen oder ihn abzuweisen. Jerusalemer, die Mosche Hirsch nicht mögen, behaupten freilich, er habe die ganze Affäre von Anfang bis zum Schluß inszeniert. Für diese Unterstellung spricht, daß Frau Hirsch kaum den Mut gehabt hätte, sich an ein zionistisches Gericht um Beistand gegen ihren Mann zu wenden. Gemessen an einer solchen Kollaboration mit dem Erzfeind wäre ein normaler Ehebruch eine kleinere Sünde.

So fällt es Mosche Hirsch nicht schwer, die Titelseiten der israelischen Presse einzunehmen und auch außerhalb der zionistischen Ketzerrepublik die ihm gebührende Aufmerksamkeit zu erregen – selbst dann, wenn die Journalisten seine Einfälle und Aktionen nicht ganz so großartig finden wie er selbst. Was wie eine Mischung aus politischer Clownerei nach der Art der Yippies, Hochverrat und ostjiddischem Anarcho-Humor erscheint, halten viele, unabhängig vom Unterhaltungswert der Darbietung, für den Ausdruck eines privaten Geltungsdranges, der auch nach orientalischen Maßstäben als überzogen gelten kann. Aber für Hirsch ist es eine absolut ernste Angelegenheit, die er mit der Ruhe und Entschlossenheit eines Wissenden vertritt, der sich der Billigung einer höheren Instanz gewiß ist. „Wir sind nicht nur die Hüter der Stadt, wir sind auch die Hüter des Glaubens", sagt er, unbeirrt von der Tatsache, daß die Naturei Karta höchstens ein paar Dutzend aktiver Mitglieder hat. Zahlen sind für ihn kein Argument. „Das jüdische Volk", erklärt Hirsch, „wird ausschließlich bestimmt durch die Thora, die uns am Berg Sinai vom Allmächtigen gegeben wurde. Anders als andere Völker, die auf einem bestimmten Territorium leben, die durch ein Land und eine Sprache bestimmt werden, sind die Juden an keine Grenze gebunden. Das jüdische Volk hat sich nie dadurch definiert, daß es ein eigenes Land besaß ..."

Und was ist mit der Bindung der Juden an das Heilige Land, der Sehnsucht heimzukommen nach Zion, wie sie sich in dem Pessach-Gebet „Nächstes Jahr in Jerusalem" ausdrückt? – „Genau das ist der Punkt", sagt Hirsch, „Gott hat das Heilige Land den Juden unter bestimmten Bedingungen, bestimmten Auflagen gegeben. Als wir diese seine Auflagen nicht einhielten, wurden wir aus dem Lande vertrieben und Gott hat es uns wieder weggenommen. Er versprach, uns das Land wieder zu geben, aber er sagte nicht, wann er es tun würde. Den Juden wurde aufgelegt, nicht heimzukehren mit Gewalt und zu warten, bis die Zeit gekommen ist und Gott die Verstreuten durch den Messias wieder zusammenführen wird. Ein ‚jüdischer' Staat vor der Ankunft des Messias ist Verrat an der jüdischen Religion, selbst dann, wenn dieser Staat ausschließlich auf der Thora aufgebaut wäre. Das ist ein Grundsatz des jüdischen Glaubens, der Zionismus trotzt unserem Glauben und mißachtet den göttlichen Willen. Die Folgen werden furchtbar sein ..."

*Ein Jude, kein Zionist*

Rabbi Hirsch spricht über den Zionismus wie ein gläubiger Christ über die Sünde oder ein orthodoxer Kommunist über die Sozialreformer. „Nehmen Sie zum Beispiel Theodor Herzl, den geistigen Gründer des Staates Israel. Er wollte eine Lösung für das jüdische Problem finden. Und diese Lösung sollte ein paradiesischer jüdischer Staat auf Erden sein, ein Staat, der die Juden der Welt vor Verfolgung retten sollte. Nebenbei gesagt: Die Juden der Welt stehen heute vor der Aufgabe, den jüdischen Staat zu retten ..."

Hirsch macht eine kurze Pause, um dem Zuhörer die Chance zu geben, diese Pointe zu begreifen, macht eine Handbewegung, als wollte er ein paar unsichtbare Krümel vom Tisch wischen, und fährt dann fort: „Aber bevor er die Idee mit dem jüdischen Staat hatte, hat er sich überlegt, ob es nicht gut wäre, wenn alle Juden zum Christentum konvertieren würden, um so dem Antisemitismus zu entkommen. Daraus können Sie sehen, wie ‚jüdisch' er gefühlt hat ... Auch die anderen Gründer Israels sind nicht von jüdischen Idealen angetrieben worden. Die Hagana hat sozialistische Ideen vertreten, nicht jüdische ..."

An der Wohnungsklingel von Rabbi Hirsch steht neben seinem Namen „A Jew, not a Zionist"; dementsprechend legt er größten Wert auf die Feststellung, daß er im Heiligen Land, nicht etwa im zionistischen Lande Israel lebt. Auch wenn es sich geographisch um dasselbe Terrain handelt, der ideologische Unterschied ist erheblich, er kann nicht oft und nicht energisch genug betont werden. „Die Zionisten sind zu uns gekommen, nicht wir zu ihnen, fromme Juden haben immer im Heiligen Land gelebt. Heute praktizieren wir einen

Apartheid-Zugang zum Zionismus, halten uns von seinen Einrichtungen fern, so weit das möglich ist. Aber ein Kontakt läßt sich nicht immer vermeiden. Wenn Sie ein Kilo Äpfel kaufen, geht ein Teil des Geldes an das Finanzamt. Was soll man machen? Wir nehmen das in Kauf, denn dies hier ist das Schlachtfeld gegen den Zionismus und der Kampf kann nicht ausgetragen werden, wenn die Soldaten nicht auf dem Feld sind ..."

Mosche Hirsch unterscheidet zwei Arten des Kampfes, einen defensiven und einen offensiven. Mit defensiven Methoden sei es z.B. gelungen, „die Umwandlung Jerusalems von einer Welthauptstadt der Religionen in eine Sport-Metropole zu verhindern". Teddy Kollek wollte im Norden der Stadt ein modernes Fußballstadion bauen. Die „Hüter der Stadt" organisierten so lange Demonstrationen, an denen auch Angehörige anderer ultra-orthodoxer Gruppen teilnahmen, bis der Stadion-Bau aufgegeben wurde. Die Jerusalemer Spitzenmannschaften Betar und Hapoel müssen, samt Anhang, weiter nach Tel Aviv fahren, wenn sie gegeneinander spielen wollen. Offensiv sei man dagegen gegen die archäologischen Arbeiten in der David-Stadt vorgegangen, bei denen, so Hirsch, „uralte jüdische Gräber von den Zionisten entweiht und zerstört wurden". Zwar wurden bei den Ausgrabungen nur ein paar Hühnerknochen gefunden, dennoch fanden im Laufe dieser „Offensive" tagelang Straßenschlachten mit der Polizei statt, wurden die Büros der Archäologen in Brand gesetzt und verwüstet und die Gräber zionistischer Politiker, sozusagen im Gegenzug, mit antizionistischen Parolen beschmiert. Bei solchen Auseinandersetzungen agieren die „Hüter der Stadt" als ideologische Wegweiser, sie sind imstande, einige tausend „Sympathisanten" zu mobilisieren und sie aus den Jeschivot, wo sie tagaus, tagein die Heiligen Schriften studieren, auf die Straße zu bringen. Und dann wundert sich ganz Israel, mit welcher Begeisterung und Ausdauer die blaßgesichtigen Studenten sich mit der Polizei schlagen, dieselben jungen Männer, die nicht zum Militärdienst eingezogen werden, damit sie sich mit all ihren Kräften dem Studium der Thora und des Talmud widmen können. Eine Straßenschlacht mit den verhaßten Vertretern der zionistischen Staatsgewalt scheint eine willkommene Gelegenheit zu sein, „mal Dampf abzulassen", wie es einer der orthodoxen Kombattanten gegenüber einem Reporter der „Jerusalem Post" erklärte. Die „Jeschiva Bocher" treiben keinen Sport und auch andere Formen körperlicher Entspannung bleiben ihnen bis zur Eheschließung versagt. So gesehen, ist ein Kräftemessen mit der Polizei eine kleine, willkommene Abwechslung und zugleich eine der seltenen direkten Begegnungen der beiden Seiten, die sich sonst lieber aus dem Wege gehen. „Wir anerkennen nicht den Staat Israel, wir anerkennen nicht die Souveränität dieses Staates", sagt Hirsch, „weil dieser Staat nicht die Souveränität Gottes anerkennt. Man könnte sagen, wir erkennen uns gegenseitig nicht an. Aber die Zionisten anerkennen, daß wir sie nicht anerkennen und in der Praxis bedeutet das unsere de-facto-Anerkennung durch sie ..."

Hirsch kichert, die Beschreibung der delikaten Beziehungen zwischen den orthodoxen Anti-Zionisten und dem zionistischen Staatsapparat macht ihm Spaß, denn der Staat steht in jedem Falle ziemlich dumm da. Läßt er die Orthodoxen gewähren, zeigt er, daß er ihnen nicht gewachsen ist. Läßt er die Polizei aufmarschieren, dann entblößt er sein wahres Gesicht: In welchem freien Land der Welt werden Juden verfolgt, die für ihren Glauben demonstrieren? Ausgerechnet im zionistischen Israel! Die Fronten wären ganz klar und alles wäre ganz einfach, sagt Hirsch, wenn es nicht auch orthodoxe Juden gäbe, die – obwohl in der Theorie antizionistisch – sich in der Praxis auf eine pragmatische Zusammenarbeit mit den Zionisten eingelassen hätten, von diesen sogar Geld für ihre Schulen und Jeschivot nehmen würden. Hirsch meint die „Agudat Israel" (Sammlung Israel), eine noch vor dem Ersten Weltkrieg entstandene orthodoxe Bewegung, von der die Naturei Karta sich 1935 abspaltete, als die Agudat mit den Zionisten Kompromisse zu schließen begann. „Die Agudat Israel", sagt Mosche Hirsch voller Verachtung, „dient als die Brücke, über die orthodoxe Juden ins zionistische Lager geführt werden sollen. Die Agudat-Leute sehen aus wie wir, sie tragen Bärte und schwarze Hüte, sie sind jüdisch und orthodox und sie bemühen sich, diesen Staat koscher zu machen, einen koscheren Schabbat, eine koschere Regierung, ein koscheres Militär. Aber er ist und bleibt ein frevelhaftes Unternehmen ..."

### *Version der Schildbürgerstreiche*

Während die Orthodoxen der Agudat Israel, die in der Tat äußerlich von den Orthodoxen der Naturei Karta nicht zu unterscheiden sind, an den Wahlen zur Knesset teilnehmen und für ihre Insti-

Folgende Doppelseite: Während des Neujahrsfestes in Mea Shearim: Dieser alte Mann trägt den „Steimel", den traditionellen Feiertagshut, und sein Totenkleid, das Gewand, in dem er einmal beerdigt werden wird.

tutionen Geld vom Staat bekommen, gehen die Hüter der Stadt nicht wählen und würden auch dann kein Geld vom Staat annehmen, wenn es ihnen angeboten würde. „Wir finanzieren uns von Spenden aus dem Ausland, genauso wie der Staat Israel, nur kommt das Geld für uns nicht aus gotteslästerlichen Quellen, wie das bei den Zionisten der Fall ist."

Die Spenden kommen von Glaubensbrüdern in New York, London und Antwerpen, wo es große orthodoxe Gemeinden gibt, die nur das biblische Israel lieben. „So war es immer im Judentum", sagt Hirsch, „es gab welche, die sich dem Thora-Studium verschrieben, was die größte Wohltat für die Seele ist. Wer nicht die Gelegenheit oder die Begabung zum Studieren hat, der teilt sein Einkommen mit den Gelehrten und wird mit ihnen in der kommenden Welt dafür die Belohnung teilen ..."

Hirsch selbst verbringt den größten Teil des Tages in „seiner" Jeschiva, die zugleich das Hauptquartier der Naturei Karta ist. Er steht eine halbe Stunde vor Sonnenaufgang auf und geht gegen Mitternacht schlafen. Mit Ausnahme einer Stunde am Vormittag, in der er seiner Frau im Haushalt hilft, und einer Schlafstunde am Nachmittag ist seine Zeit dem Lehren und Lernen gewidmet. Er verläßt die Jeschiva nur, wenn es unbedingt sein muß: um einer Zeitung ein Interview zu geben oder das Schlachtfeld, auf dem der Kampf gegen den Zionismus ausgetragen wird, zu inspizieren.

Dabei gerät er gelegentlich hinter die feindlichen Linien. Nachdem er in Interviews mit Jerusalemer Zeitungen sich für einen „Krieg zwischen Juden und Zionisten" ausgesprochen und versichert hatte, die Hüter der Stadt hätten bereits Waffen- und Sprengstoffvorräte angelegt, wurde er verhaftet. Eine ganze Woche blieb Mosche Hirsch unter dem Vorwurf der Anstiftung zu Gewalttaten im Gefängnis. Da die Polizei außer seinen eigenen Statements keine handfesten Beweismittel gegen ihn vorbringen konnte, wurde er schließlich freigelassen. Bei einem Haftprüfungstermin sprach ihn der Richter auf den Titel „Außenminister der Naturei Karta" an und witzelte, ob er denn, bitte schön, den Amtsausweis von Minister Hirsch einmal sehen könnte. – Das ginge leider nicht, antwortete Rabbi Hirsch mit zum Himmel erhobenen Händen, er sei vorläufig noch ein Minister ohne Portefeuille.

Die Versuchung ist groß, Mosche Hirsch als einen „Meschuggenen" abzutun, wenn auch einen ziemlich witzigen. Vieles vom dem, was er tut oder sagt, erinnert an die „Geschichten aus Chelm", die ostjiddische Version der Schildbürgerstreiche. Aber damit würde man es sich zu einfach machen. Meschugge ist bei Juden keine abwertende Kategorie, eher eine verbreitete Einstellung zum Leben. Galt nicht auch Herzl zu seiner Zeit vielen als Utopist und war nicht Ben Gurion ein Phantast, als er gegen jede Vernunft und die Warnungen seiner Berater den Staat Israel ausrief? „Wer nicht an Wunder glaubt, ist kein Realist", war sein Lieblingsspruch, mit dem er Einwände zur Seite schob und Opponenten das Wort abschnitt.

Das Judentum ist ein Supermarkt an Ideen, Philosophien und Lebensstilen. Hirsch kann sich ebenso auf jüdische Traditionen berufen wie Ben Gurion es tat. Der Ketzer Baruch Spinoza gehört genauso zur jüdischen Tradition wie der falsche Messias Sabbatai Zwi. „Jüdisch" meint nicht so sehr die Position wie die Unbedingtheit, mit der sie vertreten wird. So gesehen, mögen Hirsch und Ben Gurion Rücken an Rücken stehen, völlig entgegengesetzte Ansichten verkörpern, aber sie tun es auf die gleiche Weise, mit der Radikalität, die aus den Zehn Geboten kommt. Daß der eine Zionist, Sozialist und Atheist war und der andere als Fundamentalist Gottes Wort buchstäblich nimmt, ist ebenso nebensächlich wie der zufällige Umstand, daß Ben Gurion im polnischen Pinsk geboren wurde und Hirsch in New York. Kein Zufall dagegen ist, daß beide ihre unterschiedlichen Vorstellungen vom „richtigen" jüdischen Leben an derselben Stelle, in Israel, verwirklichen möchten. Insofern hat Hirsch recht, wenn er von einem Kampfplatz spricht, auf dem Juden und Zionisten gegeneinander angetreten sind. Wobei Mea Shearim historisch, topographisch und emotional im Schnittpunkt der Frontlinien liegt. Aber seltsam, im Auge des Orkans merkt man von dem Sturm am wenigsten.

### *Klischee und Wirklichkeit*

Der Besucher, der nach Mea Shearim kommt, ahnt nichts von dem Konflikt, für den dieser Ort zum Symbol wurde. Hier gibt es nicht nur die besten Backwaren der ganzen Stadt, hier sieht der sogenannte Judenstaat noch wirklich jüdisch aus. Und zwar auf den ersten Blick. Die Männer, in langen schwarzen Mänteln und breitkrempigen Filzhüten, eilen mit kleinen, schnellen Schritten

hin und her oder stehen in kleinen Gruppen zusammen und diskutieren. Dabei drehen sie an ihren langen Schläfenlocken oder gestikulieren heftig, als würden sie der Kraft der Worte allein nicht vertrauen. Die Frauen schieben Kinderwagen vor sich her und schleppen bunte Plastikkörbe vollbeladen nach Hause: Proviant für die vielköpfigen Familien. Selbst im Sommer tragen sie Kleider mit langen Ärmeln, Wollstrümpfe und Kopftücher. Aus einem Gebäude neben dem Gemüsemarkt kommt seltsamer Lärm, ein Chor von Kindern, die gemeinsam einen Text aufsagen. Hört man genauer hin, kann man den Sing-Sang mehrerer Gruppen unterscheiden, die sich wellenartig übertönen. Schallt es da nicht wie aus der sprichwörtlichen Judenschule? Es ist eine Judenschule – ein „Cheder", in dem Jungen vom dritten Lebensjahr an lesen und schreiben lernen. Sie sitzen dichtgedrängt in langen Bänken, die den ganzen Raum füllen, schaukeln beim lauten Lesen vor und zurück und wenn der Lehrer, „Melamed" genannt, kurz wegschaut oder ihnen den Rücken zudreht, dann ziehen sie sich gegenseitig an den Schläfenlocken. Die Kinder lernen den Pentateuch, die Fünf Bücher Mosis, Satz für Satz, Seite für Seite, Kapitel für Kapitel. Der Melamed liest vor, die Klasse wiederholt. Und wenn die Jungs in der Pause vor dem Cheder spielen, rufen sie sich auf jiddisch „Geb a Kick!" zu: Paß auf, schau mal her! Daß die älteren Leute auf der Straße jiddisch reden, paßt zu dieser Umgebung, aber Fünfjährige, die sich auf jiddisch streiten und Zehnjährige, die eine Uhr „Sajger" und ein Brot „Brojt" nennen, muten seltsam an. „Anatevka"-Kenner überkommt ein Déjà-vu-Erlebnis: Hier ist es endlich, das Objekt ihrer nostalgischen Sehnsüchte, ein authentisches osteuropäisches „Stedtl", originalgerecht aus Galizien in den Nahen Osten verpflanzt. Man meint, durch eine Kulisse zu gehen, die nach den Fotos von Roman Vishniak rekonstruiert wurde, und käme plötzlich Tewje, der Milchmann, einem über den Weg gelaufen, wäre das so natürlich wie Micky Mouse im Disneyland. Mea Shearim hat etwas von einem Freilichtmuseum an sich, der Besucher kennt irgendwie, was ihm dennoch fremd vorkommt, er staunt, wie eng Klischee und Wirklichkeit beeinander liegen können. Manche sind begeistert, weil sie hier eine Inszenierung jüdischen Lebens finden, die sie bis dahin nur aus Büchern und Museen kannten. Andere sind enttäuscht, weil die Realität nicht halb so romantisch ist, wie es ihre literarischen Darstellungen suggerieren. Wer sich nichts vormachen will, muß zugeben: Was vor 100 Jahren in Palästina, Polen und Rußland authentisch war, wirkt heute zurückgeblieben, heruntergekommen, vernachlässigt. Das Kopfsteinpflaster ist ausgetreten, die kleinen Häuser bräuchten dringend eine Generalüberholung, viele sehen aus, als würden sie nur durch den Putz zusammengehalten. Die einst schönen Erker und Balkone wurden mit Wellblech oder Holzplatten verkleidet, so konnten die kleinen Wohnungen ein wenig vergrößert werden; die hier wohnen, legen nicht viel Wert auf Äußerlichkeiten. Nach mitteleuropäischen Maßstäben würde dieses Viertel dringend unter die Kategorie „Sanierungsgebiet" fallen.
Israelis nehmen ihre Gäste nicht gern hierher mit, sie genieren sich, so viel Rückständigkeit, die bewußt gepflegt wird, ist ihnen peinlich. Und wie soll man den Besuchern aus dem Ausland, auf die man einen guten Eindruck machen möchte, den Spruch erklären, der da in großen schwarzen Buchstaben sauber auf weißen Hintergrund gepinselt wurde: „Judentum und Zionismus sind einander völlig entgegengesetzt"; und wie unangenehm, zugeben zu müssen, daß diese Losung ausgerechnet auf einer Außenwand einer Synagoge steht. Durch die halboffenen Fenster kann man ein paar alte Männer erkennen, die sich im Gebet hin- und herwiegen oder – den Kopf auf den Arm gestützt, die Augen geschlossen – da sitzen, als würden sie sich gerade mit dem Herrgott unterhalten, eine jüdische Idylle wie sie Chagall nicht schöner malen und Schalom Alejchem nicht besser beschreiben könnte. Und direkt daneben noch ein Graffiti – „Zionisten sind keine Juden, nur Rassisten!" – dazu ein Davidstern, der mit ein paar Zusatzstrichen zu einem rollenden Hakenkreuz verfremdet wurde. Wie kann man Freunden, die Judentum und Zionismus für eine symbiotische Einheit halten, klarmachen, daß es sich hier nicht um das Werk von Antisemiten handelt, sondern um Äußerungen von Juden, die im Zionismus den größten Verrat am Judentum sehen? Und wer würde schon glauben, bei diesem Augenschein, daß Mea Shearim einmal Symbol für Fortschritt und Aufbruch zu besseren Zeiten war, ein gesellschaftliches Experiment, an dem Zionisten sich ein Beispiel nehmen sollten.

*Draußen vor der Stadt*

Mea Shearim war eines der ersten Viertel, das außerhalb der Mauern der Altstadt gebaut wurde.

Folgende Doppelseite: In der Synagoge der „Ungarischen Häuser" in Mea Shearim während des „Festes des Wasserschöpfens": Die Männer tanzen die ganze Nacht in der Synagoge wie auch während „Simchath Thora", in diesem Fall aber ohne die Thorarollen. Die Frauen müssen draußen bleiben und dem Treiben zuschauen.

Gegenüberliegende Seite: In Mea Shearim bieten Straßenhändler in den Tagen vor dem Laubhüttenfest die Dinge an, die ein religiöser Jude während der Festtage für den Gottesdienst benötigt: Ungeöffnete Palmblätter (Lulav), eine bestimmte Zitrusfrucht (Etrog) und Myrtenzweige. Die Käufer prüfen alles sehr genau, da es nach bestimmten Vorschriften koscher sein muß.

Um der Enge der Altstadt und der Abhängigkeit von arabischen Hausherren zu entkommen, beschloß Anfang des Jahres 1874 eine Gruppe von Juden, sich „draußen vor der Stadt" niederzulassen. Eine Art Kooperative wurde gegründet, 100 „Genossen" zeichneten die ersten Anteile, nach und nach wurden 32 Dunam Land (1 Dunam = 1.000 qm) gekauft und am 18. Mai 1874 wurde der Grundstein für das neue Viertel gelegt. Ein Jahr später zogen die ersten Familien in ihre Häuser ein, und nach weiteren sechs Jahren, 1881, war das ganze Viertel fertiggestellt: An die 600 Familien wohnten in 147 Häusern, jede Wohnung hatte anderthalb bis zwei Zimmer, jeweils vier Familien teilten sich gemeinsam Bad und Küche.

Verglichen mit der überfüllten Altstadt waren das komfortable Verhältnisse. Dafür lebten die neuen Mieter nicht ganz ungefährlich. Während der Bauzeit wurden einige Juden von arabischen Gangs ermordet, Überfälle waren keine Seltenheit. Der feste Glaube war kein ausreichender Selbstschutz. Baumeister Konrad Schick, ein nichtjüdischer Deutscher, legte Mea Shearim wie eine Festung an. Es gab nur vier Tore, an jeder Seite eins, die bei Anbruch der Dunkelheit geschlossen wurden. Die einzelnen Häuser konnten (und können) nur von der Innenseite der Anlage her betreten werden. Alles, was die Bewohner zum Leben brauchten, befand sich innerhalb der Festung: Synagogen, Schulen, Läden, Handwerksbetriebe und natürlich die Mikve, das rituelle Bad.

Nun steht in allen Reiseführern, daß Mea Shearim „einhundert Tore" bedeutet. Heute führen sechs Eingänge, die abends nicht mehr geschlossen werden, in das Innere des Viertels. Wer nach den fehlenden 96 bzw. 94 Toren sucht, findet in der Bibel die richtige Erklärung: „Und Isaak säte in seinem Lande und erntete in jenem Jahre hundertfältig, denn der Herr segnete ihn. Und er wurde ein reicher Mann ..." (Genesis 26:12) Dieser Bibelspruch war das Leitmotiv der Gründer von Mea Shearim. Es gehört zu den Tücken der hebräischen Sprache, daß dieselben Worte oft verschiedene Bedeutungen haben. Mea Shearim kann „einhundert Tore" heißen, aber genauso gut auch „hundertfältig, hundertfach". Und so sollte es sein: Eine Verheißung von Glück und Erfolg und vor allem: Gottes Segen.

Reich wie Isaak sind die Einwohner von Mea Shearim nicht geworden, aber die Saat der Gründer hat sich vervielfacht. Das historische, das „eigentliche" Mea Shearim ist ein Areal von etwa 260 Meter Länge und 120 Meter Breite, grad so groß wie ein Parkplatz vor einem Einkaufszentrum. Stand Mea Shearim anfangs auf freiem Feld, draußen in der Wüste, so ist es heute ein Häuserblock mitten in der Stadt, umbaut von Vierteln, die Batej Ungaren, Batej Warsche, Bejt Israel, Geula heißen – Ungarische Häuser, Warschauer Häuser, das Haus Israel, Erlösung. Sie wurden alle später gebaut, sehen anders aus und haben eine andere „ethnische" Zusammensetzung. Während in Mea Shearim alte „Jeruschalmis" wohnen, deren Vorfahren „schon immer" in Eretz Israel gelebt haben, sind es in den Batej Ungaren und den Batej Warsche Nachkommen von Einwanderern, die „erst" vor 30, 50 oder 70 Jahren ins Land gekommen sind, aus Gegenden, die heute zu Ungarn, Rumänien, Polen und Rußland gehören. In einer Gesellschaft, in der es keinen Adel gibt, ist die Anzahl der im Lande ansässigen Generationen, auf die man stolz zurückblicken kann, eine Art Adel-Ersatz. Die alten Grenzen zwischen den einzelnen Vierteln der Ultra-Orthodoxen gelten noch immer, nur sind sie nicht mehr so undurchlässig wie früher. Das ganze Milieu wird Mea Shearim genannt, nicht nur der alte Kern, aus ursprünglich 600 Familien sind 6.000 geworden, es können aber auch 10.000 sein, je nachdem, wo man die Grenze des ultra-orthodoxen Bezirks zieht.

*Chiffre für einen Lebensstil*

So ist die Gegend entlang der „Grünen Linie", welche Jerusalem von 1948 bis 1967 in eine jüdische und eine arabische Halbstadt teilte, heute weniger ein topographischer Begriff als Chiffre für einen Lebensstil, der eben „jüdisch" und nicht „zionistisch" ist. Es ist die totale Anti-These zum modernen Israel mit allen seinen Vorzeige-Klischees: dem forschen Sabra, dem tüchtigen Kibbutznik, dem mutigen Kämpfer, dem Pionier, der das Land urbar macht, und dem Soldaten, der es verteidigt. Wer hier lebt, verteidigt nur seinen Glauben: Er macht am Schabbat kein Feuer, d. h. er zündet kein Licht an, setzt kein elektrisches oder mechanisches Gerät in Betrieb, schickt seine Söhne vom 3. Lebensjahr an in den Cheder bzw. die Talmud-Thora-Schule und wenn sie 13 sind, in eine Jeschiva, spricht im Haus und auf der Straße jiddisch – hebräisch wird nur gebetet – und kleidet sich so, wie es seine Vorfahren seit Jahrhunderten getan haben. Hier gibt es

Während der Tage vor dem Laubhüttenfest werden überall in Mea Shearim Palmzweige verkauft, mit denen das Dach einer Laubhütte gedeckt wird. Dieser Mann trägt einen gestreiften Kaftan, ein Kleidungsstück, das im Gegensatz zum schwarzen Kaftan typisch ist für orthodoxe Juden, die schon seit vielen Generationen in Jerusalem leben.

Der Innenhof der
„Ungarischen Häuser",
die eine Art Viertel im Viertel
Mea Shearim bilden, ist
noch mit Palmwedelresten
von Laubhütten bedeckt, die
dort standen.

דכי עקשטין
MORDCHAY ECKS
ישראל
ואזהרה
העוברות והמבקרות

An der Ecke einer Synagogenwand mitten in Mea Shearim sind Plakate mit Aufrufen zu Protestdemonstrationen aufgeklebt. Anschläge dieser Art sind typisch für dieses Viertel.

In Mea Shearim an einem Toreingang, der von der Hauptstraße „Mea Shearim" in den Markt hineinführt, sitzt immer an derselben Stelle dieser jüdische Bettler, an dem ein arabischer Straßenhändler vorbeigeht. Das Geben von Almosen ist eine „Mitzwa", eine gute Tat. Damit tut der Bettler dem Spender einen Gefallen, nicht umgekehrt, da es eine religiöse Pflicht ist, den Armen etwas zu geben.

Folgende Doppelseite: In einer Straße von Mea Shearim bei Regen: Der Mann hat einen Plastiküberzug über seinen Hut gezogen, um ihn vor der Nässe zu schützen, ein in Jerusalem übliches Verfahren.

SILVER
VELRY

Schuljungen spielen auf
einem der vielen Höfe
Mea Shearims. Sie tragen die
typischen Gebetskäppchen
und haben lange Schläfen-
locken, die „Peies".

בת ישראל
בקשה ואזהרה
לנשים העוברות והמבקרות
לא תעבור
מכירת ספרים מיוחדת

In einer Jeschiva, einer Talmud- und Thoraschule, wird das Schacharith, das Morgengebet, gelesen. Der Mann trägt einen Thallith, den Gebetsmantel, und die Gebetsriemen um Stirn und linken Arm.

Das Lernen und Lehren in Jeschivas hat im Judentum eine zentrale Bedeutung.

Der über achtzigjährige Zion, der in Mea Shearim in diesem Raum lebt und arbeitet, fertigt aus alten leeren Konserveneimern Öllampen für das „Chanukkah-Fest".

kein Kino, keine Disco, keinen Video-Shop, dafür Dutzende von Jeschivot, Synagogen und „Stiblach", kleine Stuben, in denen ständig gebetet wird. Von Freitag abend, wenn die Sonne untergeht, bis Samstag abend, wenn es dunkel wird, ist „Groß Mea Shearim" eine Fußgängerzone. Kein Auto fährt, die Durchgangsstraßen sind gesperrt, man hört nur das Quietschen der Kinderwagen. Während die Männer mit ihren Söhnen zum Freitagabendgebet in der Synagoge sind, gehen die Frauen mit ihren Töchtern spazieren. Familien mit sechs bis zehn Kindern sind hier nicht die Ausnahme, sondern ganz normal.

Gleich um die Ecke, im „weltlichen" Teil Jerusalems, werden die neuesten Bademoden angeboten, Mini-Röcke und T-Shirts, die mehr offenlegen als verhüllen; in Mea Shearim ergeht von zahllosen Plakaten an weibliche Besucher die „Warnung und Bitte", den Unmut der Einwohner nicht herauszufordern und auf „züchtige" Kleidung zu achten, was konkret heißt: „Ärmel bis unter die Ellbogen und Röcke bis unter die Knie." Männer werden daran erinnert, daß sie eine Kopfbedeckung tragen, Besuchergruppen gemahnt, daß sie das Terrain nach Geschlechtern getrennt betreten sollen. Und überhaupt: „Dies ist eine Wohngegend und keine touristische Sehenswürdigkeit!"

Aber das stimmt nicht ganz. Mea Shearim, das ganze Mea Shearim, ist sowohl das eine wie das andere. Und darüber hinaus ein Gebiet mit einer Quasi-Autonomie, beinah ein Staat im Staate. Die Regierung von Mea Shearim heißt „Eda Haredit", was „Gemeinschaft der Gottesfürchtigen" bedeutet, denn „ultra-orthodox" werden die Ultra-Orthodoxen nur von den nicht-religiösen Israelis genannt, sie selbst nennen sich „Haredim", die Gottesfürchtigen eben. In der 23-köpfigen Exekutive der „Eda" sitzen Vertreter der einzelnen Viertel und der verschiedenen Haredim-Gruppen. Seit 1918, also lange vor der Staatsgründung Israels, ist die „Eda Haredit" der institutionelle Rahmen, in dem die gottesfürchtigen Juden seit beinah 70 Jahren ihre Selbstverwaltung praktizieren. Es gibt „Ressorts" für Wohlfahrt, Erziehung und Finanzen, die „Eda" unterhält Schulen, Armenküchen; ihre wichtigste Aufgabe liegt aber in der Bereitstellung rabbinischer Dienste. Vor den Rabbinern der „Eda" werden die Haredim-Ehen geschlossen (und manchmal auch geschieden), hier bekommen Lebensmittelhersteller, Händler und Restaurants „Kaschrut"-Zertifikate ausgestellt, mit denen, nach sorgfältiger und gebührenpflichtiger Prüfung, bestätigt wird, daß die Speisen den rituellen Reinheitsvorschriften entsprechen, also koscher sind. Kein Haredi würde ein Stück Fleisch, eine Dose Sardinen oder eine Flasche Wein kaufen, wenn er nicht absolut sicher sein könnte, daß die Ware 100%ig (jiddisch: „glatt") koscher ist und er würde sich in kein Restaurant setzen, das nicht das „Kaschrut"-Zeugnis der „Eda" im Fenster zeigt. (Der Unterschied zwischen „nur" koscher und „glatt" koscher entspricht ungefähr dem zwischen „sauber" und „porentief rein" in der Werbung.) Vor dem Schiedsgericht der „Eda" werden Streitigkeiten der Haredim untereinander geschlichtet, ob es sich nun um Krach unter Nachbarn, geschäftliche Angelegenheiten oder familiäre Konflikte handelt. Das alles leistet auch das staatliche Rabbinat, das dem Religionsminister untersteht: Es verheiratet und scheidet, stellt Kaschrut-Zertifikate aus und schlichtet Konflikte. Aber das Rabbinat ist eine Regierungsbehörde, eine zionistische Institution also, und deswegen selbst nicht koscher. Kein echter Haredi würde sich hier einen Rat holen oder auf das Kaschrut-Zeugnis dieser Stelle vertrauen. Zum Rabbinat gehen die „normal" Frommen, die Haredim gehen zur „Eda". Sie organisiert auch Protestdemonstrationen gegen die Entweihung des Schabbat durch Fußballspiele, archäologische Ausgrabungen oder die Tätigkeit christlicher Missionare im Lande Israel. Dann treffen sich Tausende schwarz gekleideter Männer am „Schabbes-Square", einer Straßenkreuzung in Mea Shearim, und beschwören Gottes Zorn auf alle zionistischen Frevler und Sünder herab, während die zionistische Polizei den Straßenverkehr umleitet.

*Ideelle Basis der orthodoxen Juden*

Die „Eda Haredit" ist kein Verein, keine Pfarrgemeinde, es gibt keine formelle Mitgliedschaft. Wer jiddisch spricht, seine Kinder in die „Eda"-Schulen schickt (und nicht in die staatlichen oder die staatlich subventionierten der orthodoxen „Agudat Israel") und sich der Dienste des „Eda"-Rabbinats bedient, der gehört einfach dazu. Die „Eda" ist ein ultra-orthodoxer Dienstleistungsbetrieb und zugleich ideelle Basis jener, die überzeugt sind, daß nur der Allmächtige den jüdischen Staat etablieren darf; daß jeder Versuch, dem göttlichen Willen mit weltlichen Mitteln zuvorzukommen, die Ankunft des Messias und

Gegenüberliegende Seite:
Dieser Mann fertigt Gebetsschals und handelt damit. Hier befestigt er die „Zitzith", die sogenannten Schaufäden, die an allen vier Ecken des „Thallith" angebracht sind.

Im Jüdischen Viertel der Altstadt von Jerusalem diskutieren Studenten, umgeben von Büchern und Talmudbänden. Diese Jeschiva liegt nicht in Mea Shearim.

Im „Cheder", der Schule für Jungen, unterweist ein religiöser Lehrer ein Kind im „Aleph Beit", dem hebräischen Alphabet.

damit die Erlösung verzögern muß, weil er der Thora widerspricht; daß der Zionismus eine säkulare Verwirrung und der Staat Israel ein gotteslästerliches Unternehmen darstellt; daß also „Zionisten keine Juden" und „Judentum und Zionismus einander völlig entgegengesetzt" sind. So kommt es zu der paradoxen Situation, daß die Haredim so tun, als gäbe es den Staat Israel gar nicht, als lebten sie irgendwo in der Diaspora, umgekehrt aber der solchermaßen nicht-existente Staat die Amtsakte seiner ultra-orthodoxen Dissidenten anerkennt: Die von den „Eda"-Rabbinern geschlossenen Ehen sind rechtsgültig und werden vom Innenministerium registriert. (Um das gleiche Recht, anerkannt zu werden und amtliche Handlungen vornehmen zu dürfen, kämpfen die konservativen und die Reform-Rabbiner in Israel bis jetzt vergeblich, obwohl *sie* für den Zionismus und den jüdischen Staat sind.)
Die Dinge sind also überaus kompliziert. Soziologen und Politologen, Kleingruppenforscher und Tribalismusexperten, im Umgang mit ausgefallenen Gemeinschaften geübt, geraten bei den Haredim an den Rand ihrer akademischen Weisheit. Nicht nur ist das Verhältnis der gottesfürchtigen zu den übrigen Juden eine sehr vielschichtige Angelegenheit, auch das Beziehungsgeflecht der Haredim untereinander steckt voller Merkwürdigkeiten und Widersprüche. Man könnte es mit einem eher bekannten Phänomen vergleichen, dem Freund-Feind-Verhältnis der diversen Kommunistischen Parteien zueinander und zu ihrer Umwelt: gegen den gemeinsamen Gegner, die bürgerliche (bei den Haredim: säkulare) Gesellschaft werden punktuelle Bündnisse geschlossen, aber davon abgesehen, betrachtet jede KP die anderen als Abweichler vom richtigen Weg. Und so ähnlich verhält es sich auch mit den Haredim. Das Bild läßt sich nicht ganz übertragen – es gibt viel mehr Haredim-Gruppen als KP's – aber es kommt der Wirklichkeit recht nahe.

*Miniatur des osteuropäischen „Stedtls"*

Mea Shearim ist nicht nur ein erhalten gebliebenes Stedtl, es ist eigentlich eine Miniatur der osteuropäischen jüdischen Landkarte. Es gab in vielen polnischen, litauischen, russischen und ungarischen Städten große jüdische Gemeinden und innerhalb dieser Gemeinden oft auch Persönlichkeiten, die „Rebbe" genannt wurden. Ein Rebbe konnte, mußte aber kein Rabbi, kein studierter Fachmann für das Religionsgesetz sein. Er war vor allem eine charismatische Persönlichkeit, wurde von seinen Anhängern verehrt und bewundert, um Rat gefragt und oft auch als letzte Instanz um Hilfe gebeten. Vielen Rebbes wurden übernatürliche Kräfte nachgesagt, sie konnten die Zukunft voraussagen oder Kranke heilen. Es gab unter den Rebbes große Denker und Gelehrte, aber auch Bluffer und Gaukler, wie das eben überall der Fall ist, wo der Glaube Berge zu versetzen vermag. Die Rebbes hatten ihre „Gemeinden", hielten regelrecht Hof und waren meist aufeinander nicht gut zu sprechen. Im Laufe des 18. und 19. Jahrhunderts, als der Chassidismus sich in Osteuropa verbreitete, entstanden richtige Erbdynastien, wobei der Mantel des Rebbe vom Vater auf den ältesten Sohn überging. Die einzelnen „Häuser" bekamen ihre Namen nach den Orten, in denen sie gegründet wurden bzw. residierten. Die Belzer stammen aus Belz bei Lemberg, die Gerer aus Gur (polnisch: Gora Kalwaria) bei Warschau, die Satmer aus Satu-Mare in Ungarn (bzw. Rumänien), die Karliner aus Karlin in Litauen, die Bratslaver aus Bratslav in Podolien (einem Teil der Ukraine), die Lubavicher aus Lubavich in Rußland usw. ...
Keine dieser Gemeinden hat die „Endlösung der Judenfrage" überlebt. Aber einige Überlebende nahmen nach dem Krieg den historischen Faden wieder auf. Der Belzer Rebbe war von ein paar Getreuen aus dem von Nazis besetzten Ungarn herausgeschmuggelt worden, dem Satmer Rebbe gelang es, aus Bergen-Belsen zu entkommen, der Gerer Rebbe konnte Warschau im letzten Moment verlassen. Und wo die alten Oberhäupter nicht mehr da waren, traten deren Söhne, Enkel oder Schüler in die Fußstapfen der Ahnen. So konnte die Tradition weitergeführt werden – in Brooklyn oder Mea Shearim.

*Unterschiedliche Merkmale*

Wer sich mit dem ultra-orthodoxen Milieu vertraut gemacht hat, kann von kleinen Unterschieden in der Kleidung schließen, welcher der etwa drei Dutzend verschiedenen Gruppen ein Haredi angehört. Die Belzer tragen andere Hüte als die Gerer, die Gerer andere Hosen als die Satmer, die Satmer andere Kaftans als die Slonimer, die Slonimer andere Hemden als die Stoliner. Jede Gruppe hat nicht nur ihre äußeren Erkennungszeichen, sondern auch ihre eigenen Bräuche, Synagogen und Jeschivot. Die kleine Welt der Haredim ist ein Kosmos für sich. Während es von Satu-Mare in Ungarn nach Gur in Polen über 1.000 Kilometer waren, liegen die Synagogen der Satmer und der Gerer in Mea Shearim keine 1.000 Meter weit auseinander. Um einen Moment bei diesen beiden Gruppen zu bleiben und das Ganze noch mehr zu komplizieren: Haredi ist nicht gleich Haredi, der ideologische Abgrund zwischen den Gerern und den Satmern ist weiter als ihre räumliche Entfernung voneinander. Die Gerer gelten als „gemäßigt", sie stehen politisch im Lager der „Agudat Israel", jener Partei, von der Mosche Hirsch sagt, sie diene als die Brücke, „über die orthodoxe Juden ins zionistische Lager geführt werden sollen". Die „Agudat Israel" wurde 1912 in Kattowitz von orthodoxen Juden gegründet, um dem „weltlichen" Zionismus Widerstand zu leisten. Aber schon Mitte der 30er Jahre und stärker noch nach der Gründung des Staates Israel erkannten die Agudat-Politiker die Notwendigkeit praktischer Kompromisse mit dem Zionismus an, der zur wichtigsten politischen Kraft in Palästina bzw. Israel wurde. Heute ist die Agudat Israel nicht mehr anti-zionistisch, nur noch nicht-zionistisch. In der Praxis sieht das so aus, daß sie an den Wahlen zur Knesset teilnimmt, sich an Regierungskoalitionen beteiligt, aber keine Minister stellt, um nicht unmittelbar Verantwortung zu übernehmen, und ein eigenes Schulsystem unterhält, das freilich vom Staat finanziert wird. Im Prinzip hält die Agudat Israel aber weiter an der Überzeugung fest, daß der Zionismus dem jüdischen Volk mehr geschadet als genutzt hat und daß die Juden besser daran getan hätten, auf den Messias zu warten, statt den Ideen von Theodor Herzl zu folgen.

Die Satmer dagegen würden eher Geld vom Vatikan als von den Zionisten annehmen. Dies käme einem Sakrileg wie der Entweihung des Schabbat gleich. Sie sind die wichtigste Gruppe innerhalb der „Eda Haredit" und ihr Rebbe, der in Brooklyn residiert, ist zugleich das spirituelle Oberhaupt der „Gemeinschaft der Gottesfürchtigen". Sein Statthalter in Jerusalem, Rabbi Jacov Yitzhak Weiss, ist eine Persönlichkeit, die auch von den Haredim geschätzt wird, welche nicht der „Eda" angehören. So kommt es, daß „Agudat"-Gerer und „Eda"-Satmer gemeinsam gegen archäologische Ausgrabungen oder den Bau eines neuen Schwimmbads in Sichtweite eines orthodoxen Viertels demonstrieren, wenn Rabbi Weiss im Namen der „Eda" zu einer solchen Demonstration aufruft. Auf der Seite der „Agudat Israel" dürfte auch das schlechte Gewissen eine Rolle spielen, daß die „Eda Haredit" Positionen vertritt, welche die „Agudat" aus pragmatischen Gründen aufgegeben hat, um sich mit dem Zionismus zu arrangieren.

*Kampf gegen den Zionismus*

Etwa 5% der jüdischen Israelis sind Haredim. Aber in Jerusalem ist ihr Anteil fünfmal so groß: über 25% der jüdischen Einwohner der Stadt, rund 85.000 Menschen. 1978 waren es erst 50.000. Für die Stadtplaner bedeutet das zusätzliches Kopfzerbrechen. Neue Viertel müssen geplant und so angelegt werden, daß sie einerseits den Bedürfnissen der Haredim entsprechen – Wohnungen für Kinderreiche, Synagogen, rituelle Bäder usw. – andererseits die Freiheit der säkularen Einwohner, die am Schabbat Auto fahren und sich vergnügen wollen, nicht einschränken. Um eine Straße, die unmittelbar an einem „schwarzen" Viertel vorbei zu einem „säkularen" Neubaugebiet führte, gab es monatelang jeden Samstag Krawall. Steine flogen, Polizei rückte aus, jede Seite behauptete, dem „Terror" der anderen ausgesetzt zu sein. Schließlich baute die Stadt eine Umgehungsstraße, die nur am Schabbat benutzt wird.

Umgekehrt kommen auch die strengsten Haredim auf die Dauer nicht drum herum, gewisse Zugeständnisse zu machen. 1948 gab die Naturei Karta eigenes „Geld" heraus, um die israelische Währung nicht benutzen zu müssen. Was im Durcheinander der Gründerzeit eine Weile möglich war, wäre heute undenkbar. Rabbi Amram Blau, Mitbegründer der Naturei Karta, hat freilich Zeit seines Lebens kein israelisches Geld angefaßt. (Böse Zungen behaupten, daß er Einkaufen ging und seine Frau hinterher zum Bezahlen schickte.) Fest steht, daß er in seinem Haus keine elektrischen Geräte benutzte, weil der Strom aus einem E-Werk kam, in dem auch am Schabbat gearbeitet wurde. Die Anhänger der Naturei Karta gehen auch nicht zur Klagemauer, weil sie im „jordanischen" Ostjerusalem liegt, das von den Zionisten im Sechs-Tage-Krieg erobert wurde, sie wollen die „zionistische Expansion" nicht legitimieren. Als Rabbi Blau 1974 starb, schickten die „Hüter der Stadt" ein Telegramm an den jordanischen Konsul in New York mit der Bitte, den Verstorbenen auf dem Ölberg im besetzten Ost-Jerusalem bestatten zu dürfen. Der jordanische Konsul antwortete nicht und Rabbi Blau wurde zur letzten Ruhe auf einem

Folgende Doppelseite: Ramoth Polen ist ein Neubauviertel – eigentlich ein „Settlement", denn es befindet sich auf 1967 besetztem Gebiet – weit außerhalb Mea Shearims, das ausschließlich von sehr orthodoxen Juden bewohnt wird. Freitags werden Straßensperren errichtet, damit das Viertel während des Schabbats autofrei ist. Der Stadtteil Mea Shearim kann die orthodoxen Juden nicht mehr alle beherbergen.

Friedhof in Westjerusalem gebettet. Als vier Jahre später Rabbi Aharon Katzenellenbogen verschied, der zusammen mit Rabbi Blau die Naturei Karta im Jahre 1935 gegründet hatte, wurde er auf dem Ölberg begraben, ohne daß vorher versucht wurde, die Genehmigung jordanischer Behörden einzuziehen. Israelische Zeitungen mochten sich die Feststellung nicht verkneifen, für den toten Rabbi Katzenellenbogen wäre dies das erste Mal seit der Teilung Jerusalems im Jahre 1948 gewesen, daß er den anderen Teil der Stadt betrat. Zu seinen Lebzeiten war der Mitbegründer der Naturei Karta unbeugsam: Auch er benutzte daheim weder „zionistische" Elektrizität zum Kochen noch „zionistisches" Gas zum Heizen.

An jedem Unabhängigkeitstag, wenn überall im Lande die Menschen auf den Straßen feiern, werden in Mea Shearim schwarze Fahnen ausgehängt. Ab und zu wird auch eine israelische Flagge verbrannt. Zum 25. Gründungstag Israels gab es in Mea Shearim eine Demonstration unter Parolen wie: „Das jüdische Volk trauert – 25 Jahre Rebellion gegen die Souveränität Gottes!" An den Läden wurden Plakate angebracht: „Wegen Trauerfall geschlossen – 25 Jahre zionistisches Regime und Schändung des göttlichen Himmelreichs".

Unabhängig von solchen Anlässen findet der Kampf gegen den real existierenden Zionismus täglich statt. Es kommt immer wieder vor, daß Busse, an denen „unzüchtige" Werbung klebt, mit Steinen beworfen und Bushaltestellen mit Jeans-Reklame demoliert werden. Eine „unabhängige Müllabfuhr" für Mea Shearim als Beginn einer „de facto Autonomie" war dagegen nur von kurzer Lebensdauer. „Meine Familie hat hier seit 130 Jahren gelebt, unser Abfall wurde von den Türken und Briten abgeholt und nun machen es die Zionisten, das ist der ganze Unterschied, sie sind eben an der Macht und wir zahlen für deren Dienste", meinte ein Einwohner von Mea Shearim, nachdem der autonome Versuch mißglückt war und die städtische Müllabfuhr wieder herbeigerufen werden mußte.

Allerdings lassen sich die Gebühren nicht so leicht kassieren. Steuerinspektoren können Mea Shearim nur mit Polizeischutz betreten, kommen sie allein, werden sie verprügelt und davongejagt. Das Finanzamt zahlt ihnen für den Außendienst in jedem Fall eine „Gefahrenzulage". Orthodoxie und Anarchie wohnen in Mea Shearim eng beieinander.

*Eine eigene Ausbildung*

Nur an zwei Stellen kann kein Haredi der Konfrontation mit dem Staat ausweichen: bei der Wehr- und der Schulpflicht. Der Armee-Dienst läßt sich relativ leicht umgehen. Die Studenten an den „Jeschivot" sind vom Militär befreit, so lange sie studieren. Und da die Haredim praktisch ihr ganzes Leben lang lernen, werden sie gar nicht eingezogen. Sie müssen sich nur eine formelle Befreiung geben lassen. Den Militantesten geht auch das schon zu weit. Eine Anerkennung als Verweigerer durch den Staat würde ihrerseits eine Anerkennung des Staates bedeuten. Lieber lassen sie sich festnehmen. Anders ist es bei der Schulpflicht, hier hat man ein Agreement gefunden, das beiden Seiten gerecht wird.

Es gibt in Israel eine allgemeine Schulpflicht, und der können sich, im Gegensatz zum Militärdienst, auch die Haredim nicht entziehen. Aber sie würden ihre Kinder nie auf staatliche Schulen schicken und auch kein Geld vom Staat für ihre Schulen annehmen. Also betreibt die „Eda" Talmud-Thora-Schulen für die Jungen und Elementarschulen für die Mädchen (vor der Staatsgründung waren die Rabbinerfrauen für die Erziehung der Mädchen zuständig), die Schulen unterliegen nicht der staatlichen Aufsicht, bekommen auch keine Zuschüsse vom Unterrichtsminister. Aber der Staat anerkennt, daß dies „nicht anerkannte" private Institute sind, die der Schulpflicht genügen. So können beide Seiten ohne Gesichtsverlust ihre Positionen vertreten und doch einen Konflikt vermeiden.

Eine der größten Mädchenschulen von Mea Shearim mit über 600 Schülerinnen heißt „Bnot Jeruschalayim", Die Töchter Jerusalems. Über dem Eingang steht der Spruch: „Eine Festung der Erziehung im Geiste des Alten Israel". Der Lehrkörper dieser Schule ist selbstverständlich zu 100% weiblich, die meisten Lehrerinnen sind Absolventinnen der dreijährigen Oberstufe, Seminar genannt, in dem „Bnot Jeruschalayim" die Erzieherinnen für den eigenen Bedarf ausbildet. Dies ist zugleich eine der wenigen Gelegenheiten für die jungen Frauen, vor der Ehe einen Beruf auszuüben. Nur der Direktor ist ein Mann. Mosche Ehrntal, 70, hat vor 35 Jahren die Schule gegründet, zugleich mit der Wochenzeitung „Das jiddische Licht", die er noch immer herausgibt. Ehrntal, der genauso aussieht, wie man sich einen frommen Stedtl-Juden vorstellt, ist 1933 aus der Tschechoslowakei nach Palästina gekommen, seitdem lebt er in Jerusalem. Er ist nicht wegen der Nazis weggegangen, sondern weil er im Heiligen Land leben wollte. Natürlich ist er auch ein Anti-Zionist, „entschieden, schon von Haus aus", die ganze Familie sei anti-zionistisch eingestellt gewesen, denn „die zionistische Bewegung ist gegen den Glauben, gegen die Thora und den Talmud". Ob er lieber in einem anderen Land leben möchte, wo es keine Zionisten gibt? „Ich möchte, daß die Zionisten sich ein anderes Land suchen", sagt Ehrntal und ergänzt, nachdem er die stumme Frage in meinem Gesicht erkannt hat: „Amerika, Uganda, sollen sie gehen, wohin sie wollen, sie sollen nur nicht sein im Heiligen Land."

Ehrntal hat 13 Kinder, sieben Söhne und sechs Töchter. Keiner der Söhne war in der israelischen Armee „und auch keiner meiner Schwiegersöhne!" Alle haben sie in den Jeschivot so lange studiert, bis sie über das Militäralter hinaus waren. Ehrntal sagt: „Wir können unseren Kindern die Erziehung geben, die wir wollen", beklagt sich aber zugleich: „Wir werden gestört, das unreligiöse Leben der Zionisten kränkt uns, tut uns weh, es entweiht die Heiligkeit des Landes ..." – Mosche Ehrntal ist, seit er im Lande lebt, noch nie zu den Wahlen gegangen – „ich nicht, meine Kinder nicht und auch nicht die Schwiegerkinder"; er macht einen freundlichen, ausgeglichenen, beinah zufriedenen Eindruck. Jedenfalls wirkt er nicht wie jemand, der sich unterdrückt fühlt. Aber das scheint nur so. Ehrntal empfindet seine Situation anders. „Wir werden sehr glücklich sein, wenn wir von dem zionistischen Regime befreit werden. Von wem – das ist nicht unsere Sorge. Wenn wir für jemand kämpfen müßten, dann müßten wir uns entscheiden, aber wir wollen nicht kämpfen, wir müssen unser Schicksal so nehmen. Wir sind ideologisch antizionistisch, aber wir sind nicht militant. Die Thora erlaubt das nicht."

*Hoffen auf den Messias*

In Ehrntals Wochenzeitung „Das jiddische Licht" (es erscheint noch ein Konkurrenzmagazin „Der jiddische Strahl") gibt es „absolut keine Politik, keine aktuellen Artikel", dafür Anleitungen zum Verständnis der Thora, Erzählungen („Geben und nochmal geben") und manchmal auch eine kleine historische Polemik, z. B. gegen die „verfluchte Haskala" (Aufklärung), in der mit Moses Mendelssohn abgerechnet wird, weil er die Juden aus dem Ghetto geführt hat. Das Blatt im DIN-A 5-Format hat eine Auflage von 6.000 Stück, die zur Hälfte an Abonnenten in den USA, Belgien und England geht. Die Redaktion ist im Gebäude der Eda Haredit untergebracht. Nach seiner Meinung über die „Eda" gefragt, sagt Ehrntal, daß er vollkommen mit der Gemeinschaft der Gottesfürchtigen übereinstimmt. Ansonsten verweist er mich an deren Sekretär, Rabbi Josef Schajnberger. Der ist schon seit 25 Jahren Sekretär der Eda und empfängt mich, nach mehreren Telefonaten, erst, nachdem ich ihn überzeugt habe, daß ich nicht für eine israelische Zeitung arbeite. Als ich von Schajnberger wissen möchte, ob auch er ein Anti-Zionist ist, kommt mir diese Frage selber schon ein wenig naiv vor. „Ja, sicher!" Und warum? „Ich bin gegen den Zionismus, weil der Zionismus gegen die Thora ist!" Ich sage, daß er dennoch ungestört unter den Zionisten leben kann, was wäre eigentlich so schlimm daran? „Wir leben hier in der Diaspora, wie in Paris oder Moskau. Was soll man machen, die Zionisten sind die Hausherren, die ganze Regierung, das ganze Parlament, alle sind gegen die Thora, verstehen Sie?" – Schajnberger hat einen israelischen Paß, er hat bei sich zu Hause ein Telefon, das ständig läutet, auf dem Tisch liegen Schekel-Scheine. Er erkennt also doch zionistische Institutionen an? „Nur de facto, nicht de jure", stellt Schajnberger klar. Da man bis zur Ankunft des Messias nichts an den Zuständen ändern könne, müßte man sich mit ihnen arrangieren.

Am Tag vor meinem Besuch bei Rabbi Schajnberger hat Mosche Hirsch den US-Außenminister Schultz gebeten, daß bei der Gründung eines Palästinenser-Staates auch die Interessen der „palästinensischen Juden" berücksichtigt werden, die von der „zionistischen Herrschaft" erlöst werden möchten. Ob Rabbi Schajnberger den Wunsch von Rabbi Hirsch teilt und ebenfalls lieber unter arabischer als zionistischer Souveränität leben möchte? „Hirsch macht seine eigene meschuggene Politik. Wir wollen nur eins: der Messias soll kommen."

Aber das kann doch noch lange dauern? „Wir hoffen jeden Tag, daß er kommt. Ein Jude, der glaubt, hofft jeden Tag." – Und was wird sein in zehn Jahren? – „Der Messias wird schon da sein!" – In zehn Jahren? – „Früher!" – Wann? – „Bald schon, jeden Tag warten wir auf ihn." – Nächstes Jahr? – „Dieses Jahr!"

An der Klagemauer, die Westmauer oder auch nur Mauer genannt wird – auf hebräisch „Kotel" –, betet ein Jude.

Während eines Gottesdienstes an der Klagemauer, der Westmauer des alten Tempels, wird aus der Thora, den Fünf Büchern Mosis, gelesen.

## „Das Judentum kann ohne einen Staat existieren, aber nicht ohne die Thora ..."

Zwi Weinmann, 42, der aus einer zionistisch orientierten Familie kommt, ist Rechtsanwalt bei rabbinischen Gerichten. Ohne der „Naturei Karta" oder einer anderen ultraorthodoxen Gruppe anzugehören, zählt er sich zu den „religiösen Anti-Zionisten".

Jeder Jude, der die religiösen Gebote ernst nimmt, muß antizionistisch sein. Die jüdische Lehre sagt, daß die Juden ein besonderes Volk sind. Verstehen Sie es bitte richtig: Das hat nichts mit Geburt, das hat nichts mit Rasse zu tun. Die Halacha, das jüdische Religionsgesetz, erlaubt es jedem, zum Judentum zu konvertieren und Teil dieses „besonderen Volkes" zu werden. Der Prophet Yeheskiel sagt: Das Volk der Juden ist anders als andere Völker. Der Zionismus dagegen will, daß die Juden ganz normal werden, so wie alle anderen Völker. Und deswegen sind wir gegen den Zionismus. Nach jüdischem Verständnis sind Volk und Religion eine Einheit. Man kann nicht ein guter Jude und nicht religiös sein, das geht einfach nicht. Aber der Zionismus sagt: Du kannst ein guter Jude sein und nicht an Gott glauben. Die großen Propheten des Zionismus sagen, daß Judentum und Religion voneinander getrennt werden können. Aber das geht nicht, es ist ganz unmöglich.

Wir sind nicht gegen den Zionismus, wenn Zionismus bedeutet, daß Juden in Eretz Israel leben, daß alle oder möglichst viele Juden hierher kommen sollen. Wir sind gegen die Ideologie des Zionismus. Die Zionisten sagen, daß die Juden nie normal werden, wenn sie nicht einen eigenen Staat haben. Unsinn! Wir sagen, daß ein Jude in der Diaspora normal leben kann, er kann hier normal leben oder in einem Staat zur Zeit von König David. Es kommt nur darauf an, daß er die Gebote der Thora einhält. Und das kann er in New York genauso gut tun wie in Jerusalem, es kommt nicht auf den Ort an. Die Normalität des Juden hängt nicht davon ab, ob er einen Staat hat oder nicht, sondern ob er der Thora entsprechend lebt oder nicht. Das macht einen Juden aus.

Wie weit wir uns diesem Staat verweigern, ist eine individuelle Frage. Ich habe in der israelischen Armee gedient, ich bin ein Reserve-Offizier, ich halte Vorträge vor Soldaten über das Wesen des Judentums. Wenn ich in Frankreich oder England leben würde, wäre ich dort in der Armee gewesen. Aber ich bin gegen den Staat Israel. Da sitzen 120 Leute im Parlament und machen Gesetze gegen die Religion. Ich werde oft gefragt: Und was wäre, wenn im Parlament lauter Orthodoxe säßen, Leute wie Lorincz und Schapira (zwei führende Politiker der Agudat Israel)? Wären wir dann immer noch gegen ein solches Parlament und eine entsprechend zusammengesetzte Regierung? Die Antwort ist: Ja! Weil bei der nächsten Wahl 120 Anti-Religiöse gewählt werden und alles ändern könnten. Wir sind gegen ein System, das anti-religiöse Gesetze möglich macht. Wenn Sie wollen, sind wir gegen die Demokratie überhaupt. Die Gesetze, die der Schöpfer uns gegeben hat, waren gut für einige tausend Jahre und sie sind gut genug bis zum Ende dieser Welt.

Praktisch bedeutet das, daß wir für die Zeit zwischen jetzt und der Ankunft des Messias, für diese hoffentlich kurze Zeitspanne, eine Autonomie haben möchten, die sicherstellt, daß die Thora das Leben in Israel bestimmt. Der Staat soll die Steuern einziehen und sich um die Polizei und die Müllabfuhr kümmern, alles andere soll nach der Thora gehen, das Familienleben, das öffentliche Leben, alles. Es muß garantiert sein, daß keine staatliche Gewalt die Gebote der Thora außer Kraft setzen kann. Und wir wollen auch keine Kompromisse, die so tun als ob. Nehmen Sie z. B. die Schließung bzw. Stillegung von EL AL an Samstagen. Das ist ein Witz, eine Farce! EL AL fliegt nicht, aber der Flughafen ist in Betrieb. Der ganze Flughafen muß geschlossen werden, die Seehäfen, Radio, Fernsehen, alle staatlichen Einrichtungen, außer Telefon und Polizei für Notfälle. Wie das technisch gehen soll, weiß ich nicht. Man müßte prüfen, ob Sie am Schabbat aus Spaß telefonieren oder weil Sie einen Arzt brauchen. Eine Lösung wird sich schon finden lassen. Ich weiß auch, daß man so etwas nicht von heute auf morgen machen kann, aber Sie wollten wissen, wie wir uns ein Leben nach den Geboten der Thora vorstellen, was wäre wenn ...

Sie dürfen eines nicht vergessen: Das Judentum kann ohne einen Staat existieren, aber nicht ohne die Thora. Wir haben 2.000 Jahre ohne einen Staat gelebt. Und wir sehen nun, was passiert, wenn wir einen Staat ohne die Thora haben. Niemand wird sagen können, dies hier ist ein normales Land, mit all den Problemen, die wir haben. Wir sind weit entfernt von der Normalität. Wenn ich wählen sollte zwischen Judentum ohne Staat und Judentum ohne Thora, würde ich mich für Judentum ohne Staat entscheiden.

## „Sie leben hier, als wären sie in der Diaspora ...“

Mea Shearim ist eine Chiffre für eine Lebensweise. Und wenn Sie verstehen wollen, was das bedeutet, müssen Sie versuchen, die Grundlagen des Denkens der Menschen hier zu begreifen. Wenn Sie z. B. jemand in Mea Shearim eine Frage stellen, dann ist diese Frage für Sie vollkommen gerechtfertigt, für Ihr Gegenüber ist sie es nicht. Er steht ganz woanders, sieht die Dinge im ganz anderen Licht, die Frage, die Sie ihm stellen, existiert für ihn überhaupt nicht. Sie und der Mensch in Mea Shearim sprechen zwei vollkommen verschiedene Sprachen. Ich will Ihnen dafür ein Beispiel geben. Nehmen wir an, Sie fragen einen Orthodoxen: „Was stört es dich eigentlich, wenn andere am Schabbat Auto fahren? Du hältst den Schabbat ein und fährst nicht mit dem Auto, aber du kannst doch nicht auch andere dazu zwingen, daß sie so leben wie du. Was geht es dich an, ob ein anderer den Schabbat hält oder nicht? Es ist doch nicht deine Sache?“

Das ist eine sehr einfache und grundlegende Frage, Ausgangspunkt für viele andere Fragen. Sie stellen diese Frage, weil für Sie die individuelle Freiheit, etwas zu tun oder zu lassen, der höchste Wert ist, jeder soll seiner Überzeugung entsprechend leben können. Für jemand aus Mea Shearim ist das kein Wert. Der einzige Wert ist: Gott, Gottes Wille. Es existiert für ihn keine andere Autorität, er erkennt keine anderen Werte an, keine andere Wahrheit. Und Gott sagt, daß man den Schabbat halten muß. Es ist selbstverständlich, daß es Gott gibt, daß man seine Gebote befolgen muß, und wenn einer es nicht tut, dann ist das sein Problem, ich als gläubiger Mensch brauche darauf keine Rücksicht zu nehmen, muß mich mit ihm nicht auseinandersetzen ... Es ist einfach kein Raum da für eine andere Haltung, niemand hat das Recht, Gottes Gebote, die absolute Wahrheit, zu mißachten. Und deswegen kann ich nicht sagen, es ist mir gleich, ob Sie den Schabbat halten oder nicht.

Eine weitere Grundfeststellung, die von niemand angezweifelt wird, ist die, daß die Welt von Generation zu Generation schlechter wird. Das heißt: Meine Generation ist schlechter als die meines Vaters, die Generation meiner Kinder wird schlechter sein als meine. Das ist ein Gesetz der Natur, man kann nichts dagegen machen. Die Folgerung daraus ist: Ich muß mich bemühen, so zu werden wie mein Vater war, und ich muß mich bemühen, meine Kinder so zu erziehen, daß sie so werden, wie ich bin. Auch wenn die Welt immer schlechter wird, soll sich alles so wenig wie nur möglich ändern, denn jede Änderung ist immer eine zum Schlechten.

Für jemand, der im Westen erzogen wurde, ist es nicht leicht, so etwas zu verstehen. Aber wenn Sie es versuchen, wenn Sie sich in die Menschen hier hineinversetzen, werden Sie begreifen, was Mea Shearim bedeutet. Der einzige Weg, sich so wenig wie möglich zu ändern, ist der, sich so weit wie möglich von der Gesellschaft, in der man lebt, fernzuhalten. Das heißt, daß man sich geistig fernhält, daß man am liebsten gar nicht mit der Außenwelt in Kontakt kommen möchte, daß man in eigenen Vierteln lebt, sich anders anzieht, jiddisch redet, und natürlich das ganze System der Erziehung. Deswegen gibt es auch kein Fernsehen in Mea Shearim. Fernsehen ist das Schlimmste, was es geben kann. Es bringt einem die ganze Welt ins Haus, es ist genau das Gegenteil von dem, was Mea Shearim darstellt. Einige wenige haben inzwischen Radios, aber heimlich ...

Damit kann man auch die Haltung zum Zionismus erklären: Die zionistische Ideologie sagt, daß die Juden sich ändern müssen, daß sie ein normales Volk werden sollen. Der Zionismus hat sehr radikale und tiefe Änderungen mit sich gebracht. Die ganze Ideologie ist westlich und Teil der westlichen Kultur, die das Judentum bedroht, weil es eine Kultur der Assimilation ist. Die meisten zionistischen Führer waren nicht religiös oder sogar anti-religiös. Und all das zusammen bedeutet für einen orthodoxen Juden, daß der Zionismus etwas von Grund auf Schlechtes ist, gefährlich und unakzeptabel, weil er etwas Neues ist und weil er eine Bedrohung der alten Lebensart bedeutet. Anti-zionistisch zu sein und religiös zu sein, ist für die Menschen von Mea Shearim *eine* Sache. Sie können es gar nicht auseinanderhalten. Sie leben hier, als wären sie in der Diaspora, und es ist die schlimmste Diaspora, die es geben kann, weil sie mitten unter Juden leben, die schlechte Juden sind.

Yakov Roth, 29, der aus einer orthodoxen Familie kommt, hat nach zehn Jahren Studium in einer Jeschiva die „Gemeinschaft der Gottesfürchtigen“ verlassen. Der Abschied fiel ihm nicht leicht, es war „ein langer Prozeß des Fragens und des Nachdenkens“. Roth ist heute „ein gläubiger Jude und ein Zionist“, der gelernt hat, „daß es außerhalb von Mea Shearim auch eine Welt gibt“.

Folgende Doppelseite: Ein Rabbiner beim Gebet auf dem großen jüdischen Friedhof auf dem Ölberg. Dieser Friedhof gilt Juden als bevorzugte Begräbnisstätte, denn der Messias wird über ihn zum Goldenen Tor in der Mauer der Altstadt gelangen, durch das er in Jerusalem Einzug halten wird. Auf seinem Weg dahin wird er die Toten auferwecken.
Die Tradition des Steine-auf-das-Grab-legen stammt noch aus der Zeit der Wüste, als man dadurch verhindern wollte, daß Tiere das Grab freischarren konnten.

שלמה קליין

## Impressum

CIP-Kurztitelaufnahme der
Deutschen Bibliothek
Schliack, Amos: Die Juden von Mea Shearim/
fotogr. von Amos Schliack. Mit e. Text von
Henryk M. Broder. – Hamburg: Ellert und
Richter, 1986.
ISBN 3-922294-76-6
NE: Broder, Henryk M.



Fotografien: Amos Schliack, Hamburg
Text: Henryk M. Broder, Jerusalem
Gestaltung: Hartmut Brückner, Bremen
Satz: Headline Fotosatz, Bremen
Lithografie: Albert Bauer KG, Hamburg
Druck: Asco-Druck, Bremen
Bindearbeiten: Buchbinderei Klemme, Bielefeld